IRENE FACKLER

Karten des Mitgefühls

URANIA-RAVENSBURGER

Inhalt

Vorwort 3
Werkzeug und Material 4
Techniken 5
Fallende Blütenblätter 6
Reife Gräser 8
Federn der Trauer 10
Wie Sand im Wind 12
Wortlose Anteilnahme 14
Stilisiertes Kreuz 16
Zerbrochener Lebenskreis 18
Sein und Vergehen 20
Lebensbaum 22
Fallendes Blatt 24
Gefangener Schmerz 26
Verwehende Blätter 28
Dunkle Trauer 30

Vorwort

Es fällt oft schwer, die richtigen Worte zu finden, leichter ist es mit der passenden Karte. Um Ihre persönliche Anteilnahme auszudrücken, finden Sie in diesem Buch unterschiedliche Vorschläge, Kondolenzkarten zu gestalten. Die verschiedenartigen Kartendesigns symbolisieren alle auf ihre Weise die Veränderung, die das Ende eines Lebensweges bei den Hinterbliebenen mit sich bringt. Der Verlust eines geliebten Menschen ist ein

tiefer Einschnitt, oftmals ein Einbruch im Leben eines anderen. Doch alles ist endlich und nichts vergeht ganz.

Die aus Naturmaterialien gestalteten Karten symbolisieren das Ende eines Weges: Blüten, deren Blütenblätter zu Boden sinken, kräftig gefärbte Blätter am Ende ihrer Lebenskraft, Fruchtstände in voller Reife am Ziel des Lebensweges, eine geteilte Feder wie ein letzter Lebenshauch. Die Karten sind so gestaltet, dass sie sowohl Anteilnahme als auch Trost und Hoffnung zum Ausdruck bringen.

Der kleine Prinz von Antoine de Saint-Exupéry verabschiedet sich von seinem Freund mit den Worten: »Und wenn du dich getröstet hast, man tröstet sich immer, wirst du froh sein, mich gekannt zu haben. Du wirst immer mein Freund sein.«

Ihre Irene Fackler

Werkzeug und Material

MATERIAL

Alle verwendeten Materialien sind im Hobbyfachgeschäft oder im Fachhandel erhältlich.

Die hier vorgestellten Karten sind aus Tonkarton, aus Fotokarton, aus Karton mit unterschiedlicher Oberflächenstruktur und Gras- sowie Faserpapieren hergestellt. Die meisten Karten sind als fertige Zuschnitte erhältlich. Die zur weiteren Gestaltung verwendeten Materialien sind bei den einzelnen Anleitungen aufgelistet.

WERKZEUG UND HILFSMITTEL

Die Werkzeuge, die man zur Hand haben sollte, sind im Haushalt vorhanden. Sie benötigen Schere, Lineal, Bleistift, Klebstoff und eine spitze Sticknadel.

Um gerade Zuschnitte zu arbeiten, sind eine Schneideunterlage (Schneidematte oder stabiler Karton), ein Metalllineal und ein Cutter von großem Nutzen.

Um die Faltkante exakt zu falzen, benötigt man ein Lineal und einen stumpfen Gegenstand, etwa einen Messerrücken.

VORLAGEN ÜBERTRAGEN

Die Motive werden vom Vorlagenbogen durch Abpausen auf Papier oder dünnen Karton übertragen. Hierfür werden Transparentpapier und ein weicher Bleistift benötigt. Legen Sie das Transparentpapier auf die Vorlage und ziehen Sie mit dem Bleistift die Konturen nach. Das Transparentpapier wird auf ein Kohlepapier und dann beides auf ein Papier oder eine Pappe gelegt. Ziehen Sie die Konturen nun wiederum mit dem Bleistift kräftig nach. Sie zeichnen sich so gut sichtbar auf der Unterlage ab und das Motiv kann ausgeschnitten werden.

SCHRIFTVORLAGEN KOPIEREN

Auf dem Vorlagenbogen befinden sich unterschiedliche Schriften in verschiedenen Größen. Sie dienen als Kopiervorlage. Die Schriftzüge können auch mit einem Computer erstellt, auf Papier ausgedruckt und ausgeschnitten werden. Auf allen Computern sind unterschiedliche Schriften gespeichert, die verwendet werden können.

EINLEGEBOGEN FÜR TEXTE

In die Karten können Sie Einlegebogen für den Text einlegen. Schneiden Sie hierfür das gewünschte Briefpapier in Höhe und Breite ca. 0,5 cm schmaler als den Kartenzuschnitt zu. Diese Einlegebogen falten und in die Karten legen.

Zum Schluss mit dem jeweils angegebenen Garn, der Wolle oder dem Bast den Einlegebogen mit der Karte über den Kartenfalz zusammenbinden.

Fallende Blütenblätter

MATERIAL

Tonkarton Blau
Naturpapier Blau
getrocknete und gepresste Blüten
Stickgarn Schwarz
Schriftvorlage A1 – A2

Aus blauem Tonkarton ein Rechteck (24 × 17 cm) oder wahlweise ein Quadrat (21 × 21 cm) schneiden und in Querrichtung zur Hälfte falten oder fertige Karte (12 × 17 cm oder 10,5 × 21 cm) verwenden. Aus Naturpapier ein Rechteck (11 × 16 cm oder 10 × 20 cm) schneiden und mittig auf die gefaltete Karte kleben. Einige Blütenblätter aus der getrockneten Blüte herauslösen. Die gepresste Blume dekorativ aufkleben und die ausgelösten Blütenblätter wie von der Blüte abfallend aufkleben. Mit einer spitzen Sticknadel das Stickgarn ca. 1 cm vom Kartenbruch entfernt, wie abgebildet, in die obere Kartenhälfte doppelt einziehen. Schriftvorlage A1 oder A2 auf Tonkarton kopieren, ausschneiden und aufkleben. Den Einlegebogen vorbereiten und einlegen (s. Seite 5).

es Beileid
In stiller Anteilnahme

Reife Gräser

MATERIAL

Tonkarton Grau
strukturiertes Naturpapier Schwarz
Graspapier Grau
getrocknetes Gras
Stickgarn Schwarz, Grau, Beige
Schriftvorlage B 1 – B 2

Aus Tonkarton und Naturpapier je ein Rechteck (21 × 15 cm) schneiden. Das Naturpapier auf den Tonkarton aufkleben und beide in Querrichtung zur Hälfte falten oder fertige Karte (10,5 × 15 cm) verwenden.

IN TIEFEM MITGEFÜHL

(Schriftvorlage B 1)
Schwarzes und graues Stickgarn zu einer 20 cm langen Kordel drehen. Die Gräser auf Kartenlänge schneiden, die Kordel lose um die Halme legen und auf die Karte kleben. Das geschlossene Kordelende liegt bei den Fruchtständen, das offene Kordelende am rechten unteren Karteneck. Schriftvorlage B 1 auf Graspapier Grau kopieren, ausschneiden und aufkleben. Einlegebogen vorbereiten und einlegen (s. Seite 5).

IN STILLER ANTEILNAHME

(Schriftvorlage B 2)
Schwarzes und beigefarbenes Stickgarn zu einer 30 cm langen Kordel drehen. Die Fruchtstände des Grases in die Mitte der Karte kleben. In die Kordel nach ca. 15 cm einen Knoten machen und eine Kordelhälfte öffnen. Die Kordel wie abgebildet aufkleben. Die Fäden der geöffneten Kordelhälfte fächerartig über das Gras legen, die Garnenden mit einer spitzen Sticknadel auf die Rückseite der oberen Kartenhälfte ziehen und mit Klebefilm fixieren. Schriftvorlage B 2 auf Graspapier Grau kopieren, ausschneiden und aufkleben. Den Einlegebogen vorbereiten und einlegen (s. Seite 5).

In tiefem
Mitgefühl
Anteilnahme

Federn der Trauer

MATERIAL

Tonkarton Hellgrau
Naturpapier Hellgrau
Briefpapier Hellgrau
Feder Anthrazit
Stickgarn Schwarz
Schriftvorlage C

Aus Tonkarton ein Rechteck (24 × 18 cm) schneiden und in Querrichtung zur Hälfte falten oder fertige Karte (12 × 18 cm) verwenden. Aus Naturpapier ein Rechteck (11 × 17 cm) schneiden und mittig auf die gefaltete Karte kleben. Eine Feder in der Mitte teilen und wie abgebildet auf der Karte anbringen.
Mit einer spitzen Sticknadel das Stickgarn ca. 1 cm vom Kartenbruch entfernt durch die obere Kartenhälfte doppelt durchziehen (s. Abbildung). Schriftvorlage C auf Briefpapier kopieren, ausschneiden und aufkleben. Den Einlegebogen vorbereiten und einlegen (s. Seite 5).

In stiller Trauer

Wie Sand im Wind

MATERIAL

Schüttelkarten Wellpappe Schwarz
Perlkies Kupfer
Quarzsand
Graspapier Grau
Schriftvorlage D1 – D2

Die Karten sind im Fachhandel erhältlich und werden entsprechend den Herstellerangaben gefaltet und zusammengeklebt. In den Ausschnitt Sand oder Perlkies füllen. Schriftvorlage D1 oder D2 auf Graspapier Grau kopieren, ausschneiden und aufkleben. Einlegebogen vorbereiten und einlegen (s. Seite 5).

In stiller
nteilnahme
Es fällt schwer,
die richtigen Worte zu finden

Wortlose Anteilnahme

MATERIAL

Karton Elefantenhaut Hellgrau
Tonkarton Weinrot
Plakatfarbe Schwarz
Stickgarn Schwarz, Weinrot
Schriftvorlage E
Vorlage 1

Aus dem Karton Elefantenhaut ein Rechteck (23 × 16,5 cm) schneiden und in Querrichtung zur Hälfte falten oder fertige Karte (11,5 × 16,5 cm) verwenden.

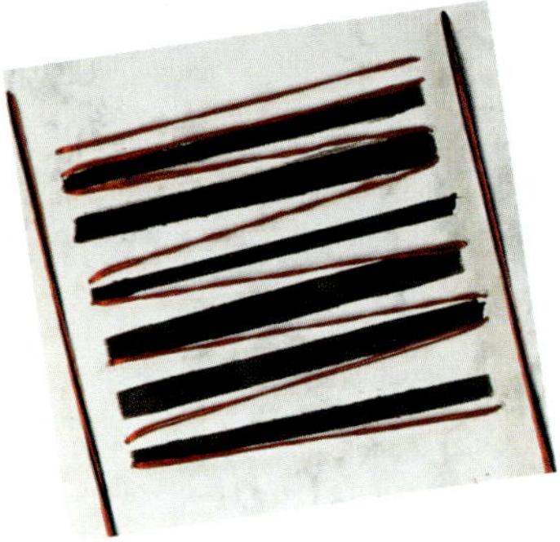

SCHABLONE HERSTELLEN

Für die Schablone die Streifen (Vorlage 1) aus dünnem Karton schneiden, der Vorlage entsprechend auf einen Karton legen und die Enden auf beiden Seiten mit einem Klebestreifen überkleben. Zwischen den Karton und die fixierten Streifen behutsam die gefaltete Karte einschieben. Mit dem Pinsel die schwarze Plakatfarbe auf die Karte auftragen, die Streifen lösen, vorsichtig abnehmen und die Farbe trocknen lassen.
Mit einer spitzen Sticknadel, wie abgebildet, doppelt gelegtes weinrotes Stickgarn als Verbindung der schwarzen Streifen und als Randgestaltung einziehen. Garnanfang und -ende werden mit Klebestreifen auf der Rückseite fixiert. Schriftvorlage E auf den weinroten Tonkarton kopieren, ausschneiden und aufkleben. Den Einlegebogen vorbereiten und einlegen (s. Seite 5).

Es fällt schwer,
die richtigen Worte zu finden

Stilisiertes Kreuz

MATERIAL

Tonkarton Schwarz
Tonkarton Weinrot
Graspapier Grau
Stickgarn Schwarz, Rot
Schriftvorlage F

Aus schwarzem Tonkarton ein Rechteck (21 × 15 cm) schneiden und in Querrichtung zur Hälfte falten oder fertige Karte (10,5 × 15 cm) verwenden. Aus Graspapier ein Rechteck (21 × 10 cm) schneiden. Über dem Waschbecken eine Querkante des Papiers anzünden und die Flamme gleich wieder ausblasen. Das Papier ist nun etwa zur Hälfte abgebrannt. Das Graspapier an der oberen Querkante anlegen und auf die Karte kleben.

Mit vierfach gelegtem weinrotem Stickgarn und spitzer Sticknadel ein stilisiertes Kreuz auf die obere Kartenhälfte arbeiten. Die Schriftvorlage F auf weinroten Tonkarton kopieren, ausschneiden und aufkleben. Den Einlegebogen vorbereiten und mit weinrotem und schwarzem Stickgarn befestigen (s. Seite 5).

In stiller
Anteilnahme

Zerbrochener Lebenskreis

MATERIAL

Tonkarton Hellgrau
Graspapier Lachs
Zackenlitze Schwarz
Stickgarn Schwarz
Plakatfarbe Schwarz
Schriftvorlage G
Vorlage 2

Aus hellgrauem Tonkarton ein Rechteck (24 × 17 cm) schneiden und in Querrichtung zur Hälfte falten oder fertige Karte (12 × 17 cm) verwenden.

SCHABLONE HERSTELLEN

Für die Schablone einen Kreis (Vorlage 2) aus dünnem Karton schneiden und an der gezackten Linie zerschneiden. Die vorbereiteten Kreishälften wie abgebildet aufkleben.

Aus Graspapier ein Rechteck (9 × 6 cm) schneiden, die Kanten ungerade reißen und wie abgebildet auf die Karte kleben. Mit dem Pinsel in kurzen Strichen die schwarze Farbe von den Kanten der Schablone nach außen aufmalen. Im Abstand von ca. 1 cm am rechten Kartenrand die Zackenlitze aufkleben. Die Schriftvorlage G auf Graspapier kopieren, ausreißen und aufkleben. Einlegebogen vorbereiten und mit schwarzem Stickgarn befestigen (s. Seite 5).

In stiller Trauer

Sein und Vergehen

MATERIAL

Tonkarton Braun
Graspapier Grün
Holzstückchen
Sägespäne
Stickgarn Schwarz, Grün
Schriftvorlagen H1 – H2

Aus braunem Tonkarton entweder ein Rechteck (24 × 17 cm) oder ein Quadrat (21 × 21 cm) schneiden und in Querrichtung zur Hälfte falten oder fertige Karte (12 × 17 cm oder 10,5 × 21 cm) verwenden. Aus Graspapier Stücke ausreißen und wie abgebildet auf die Karte kleben. Das Holzstückchen und das Sägemehl anbringen. Mit einer spitzen Sticknadel schwarzes und grünes Stickgarn ca. 1 cm vom Kartenbruch entfernt doppelt in die obere Kartenhälfte einziehen. Schriftvorlage H 1 oder H 2 auf Graspapier kopieren, ausschneiden und aufkleben. Einlegebogen vorbereiten und einlegen (s. Seite 5).

In stiller Trauer

Lebensbaum

MATERIAL

Tonkarton Braun
Faserpapier Natur
Graspapier Lachs
Baumrindenstückchen
Plakatfarbe Schwarz
Bast
Schriftvorlage I

Aus braunem Tonkarton ein Quadrat (21 × 21 cm) schneiden und in Querrichtung zur Hälfte falten oder fertige Karte (10,5 × 21 cm) verwenden. Aus Faserpapier ein Stück ausreißen und auf die Karte kleben. Ein Stückchen Baumrinde wie abgebildet anbringen. Mit dem Pinsel in kurzen Strichen die schwarze Farbe von den Kanten der Rinde nach außen aufmalen.

Die schwarze Farbe ebenso von den Kartenkanten nach innen auftragen. Die Schriftvorlage I auf Graspapier kopieren, ausschneiden und aufkleben. Einlegebogen vorbereiten und mit Bast befestigen (s. Seite 5).

In stiller
Anteilnahme

Fallendes Blatt

MATERIAL

Tonkarton Elefantenhaut Hellgrau
Papier Elefantenhaut Dunkelgrün
Tonkarton Weinrot
gepresstes Blatt
Wolle Schwarz
Schriftvorlage J

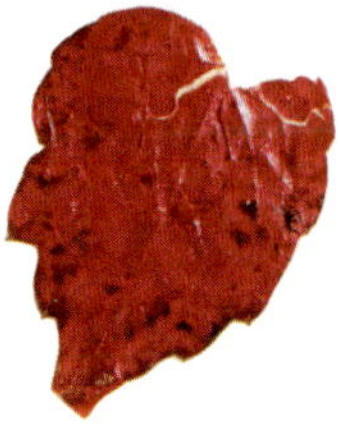

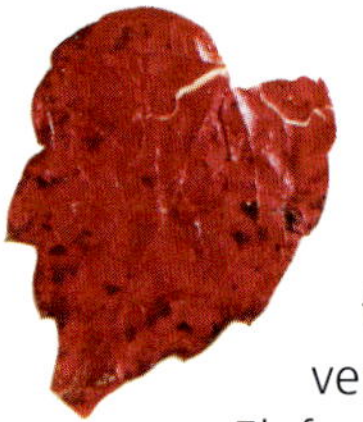

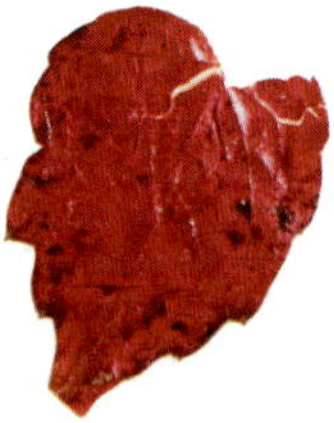

Aus dem hellgrauen Karton ein Rechteck (24 × 17 cm) schneiden und in Querrichtung zur Hälfte falten oder fertige Karte (12 × 17 cm) verwenden. Aus dunkelgrünem Papier Elefantenhaut ein Rechteck (23 × 16 cm) schneiden und ebenso falten. Die obere Kartenhälfte des dunkelgrünen Kartenzuschnitts über dem Waschbecken anzünden und die Flamme gleich wieder ausblasen. Die angesengte Karte außen um die hellgraue Karte kleben.

Ein gepresstes Blatt aufkleben. Die Kanten des dunkelgrünen Kartons mit doppelt gelegtem Wollfaden und einer spitzen Sticknadel durch die obere Kartenhälfte wie abgebildet einfassen. Die Rückseite der gestalteten Kartenhälfte vollständig mit hellgrauem Tonkarton bekleben.

Die Schriftvorlage J auf weinroten Tonkarton kopieren, ausschneiden und aufkleben. Den Einlegebogen vorbereiten und einlegen (s. Seite 5).

Herzliches Beileid

Gefangener Schmerz

MATERIAL

Tonkarton Schwarz
Graspapier Grau
gepresste Blätter
Stickgarn Grau
Schriftvorlage K1 – K2
Vorlagen 3 + 4

Aus schwarzem Tonkarton ein Rechteck (24 × 17 cm) oder ein Quadrat (21 × 21 cm) schneiden und in Querrichtung zur Hälfte falten oder fertige Karte (12 × 17 cm oder 10,5 × 21 cm) verwenden. Vorlage 3 bzw. 4 vom Vorlagenbogen auf die Kartenoberseite übertragen. Hierfür die aufgeklappte Karte mit der Innenseite auf ein weiches Handtuch legen. Die Vorlage auf die obere Kartenhälfte legen und die Punkte mit einer spitzen Nadel durchstechen. Die Vorlage entfernen. Zwischen die Löcher der Karte ein gepresstes Blatt kleben. Mit einer spitzen Sticknadel und grauem Stickgarn von hinten nach vorne bei Punkt 1 die Karte durchstechen und das Garn gemäß der Nummerierung der Punkte durch die Karte ziehen.
Fadenanfang und -enden werden mit Klebestreifen auf der Rückseite fixiert. Die Rückseite der gestalteten Kartenhälfte mit schwarzem Tonkarton vollständig bekleben. Schriftvorlage K1 oder K2 auf graues Graspapier kopieren, ausschneiden und aufkleben. Einlegebogen vorbereiten und mit grauem Stickgarn befestigen (s. Seite 5).

In tiefem Mitgefühl
In stiller Trauer

Verwehende Blätter

MATERIAL

Tonkarton Hellgrau
Naturpapier Hellgrau
Briefpapier Hellgrau
gepresste Blätter
Satinband Schwarz
Schriftvorlage L

Aus hellgrauem Tonkarton ein Rechteck (24 × 18 cm) schneiden und in Querrichtung zur Hälfte falten oder fertige Karte (12 × 18 cm) verwenden. Aus Naturpapier ein Rechteck (11 × 17 cm) schneiden und mittig auf die gefaltete Karte kleben. Drei gepresste Blätter quer auf der Karte anbringen. Das Satinband ca. 1 cm vom Kartenbruch entfernt anbringen. Schriftvorlage L auf Briefpapier kopieren, ausschneiden und aufkleben. Den Einlegebogen vorbereiten und einlegen (s. Seite 5).

Es fällt schwer,
die richtigen Worte zu finden

Dunkle Trauer

MATERIAL

Faserpapier Dunkelgrün
Elefantenpapier Hellgrün
Getrocknete Ähren
Wolle Schwarz
Schriftvorlage M

Aus Faserpapier ein Rechteck reißen, (ca. 24 × 18 cm) und in Querrichtung zur Hälfte falten. Die Körner dekorativ aufstreuen und dann mit Klebstoff fixieren.
Die Schriftvorlage M auf Elefantenpapier kopieren, ausschneiden und aufkleben.
Einlegebogen vorbereiten, in die Karte einlegen und mit dem doppelt gelegten Wollfaden (s. Seite 5) befestigen.

In tiefem
Mitgefühl

Die Deutsche Bibliothek – CIP-Einheitsaufnahme
Ein Titeldatensatz für diese Publikation ist bei Der Deutschen Bibliothek erhältlich.
ISBN 3-332-01225-8

www.dornier-verlage.de
www.urania-ravensburger.de

Umschlaggestaltung: Behrend & Buchholz, Hamburg
Fotos: Heidi Hintereck, Endingen
Modelle: Irene Fackler
Vorlagenbogen: Irene Fackler (Design), Jana Holeschovsky (Ausführung)
Lektorat: Berliner Buchwerkstatt, Vera Olbricht
Layout: Berliner Buchwerkstatt, Britta Dieterle / Claudia Maas
Druck: Messedruck Leipzig GmbH
Printed in Germany

Gedruckt auf alterungsbeständigem Papier mit chlorfrei gebleichtem Zellstoff.

Die Schreibweise entspricht den Regeln der neuen Rechtschreibung.

04 03 02 01 4 3 2 1